Die Kinnbänder 4-fach falten und knappkantig absteppen (siehe Grundkurs), in zwei gleich lange Bänder zerschneiden.

2 Ohrenklappenzuschnitte jeweils rechts auf rechts legen, ein Bindeband an der gerundeten Kante mittig zwischenfassen (die Schnittkanten liegen bündig, das Bindeband liegt auf dem Stoff). Nahtzugaben zurückschneiden, wenden und bügeln, das Ende des Kinnbands verknoten. Die Ohrenklappen an die Innenkante der Krempe nähen (siehe Vorlage, dabei liegen die offenen Kanten aufeinander, die Ohrenklappe liegt auf der Krempe).

Das Futterband der Länge nach falten und bügeln (dabei nicht verziehen!), mit den offenen Kanten ringsum an die offene Kante der Krempe/ des Seitenbandes heften, dabei ein kurzes Ende um Nahtzugabenbreite nach links falten. Am Ende den Streifen etwas überlappen lassen und abschneiden. Das Futterband annähen, die Nahtzugaben zurückschneiden und den Streifen in Richtung Seitenband bügeln. An der Bruchkante knappkantig aufsteppen, somit entsteht ein Tunnel für das Bindeband. Das Bindeband wie die Kinnbänder arbeiten. Das Bindeband mit Hilfe einer Sicherheitsnadel durch die Knopflöcher in den Tunnel fädeln, die Enden verknoten und zur Schleife binden, dadurch an die Kopfgröße anpassen.

Erfrischend

Flaschenhalter

Größe: 12 x 20 cm (ohne Schlaufe)

Material
- A: 35 x 110 cm Baumwollstoff in Cremeweiß mit Erdbeermotiven
- B: 35 x 90 cm mittelfeste, aufbügelbare Einlage
- 5 cm Klettband (Flausch- und Hakenband)

Zuschneiden
Maße inkl. 0,75 cm Nahtzugabe.
A: 4-mal 14,5 x 25 cm (Vorder-/Rückseite Außenseite/Futter)
   14,5 x 22 cm (Lasche)
B: 4-mal 14,5 x 25 cm (Vorder-/Rückseite Außenseite/Futter)
   14,5 x 22 cm (Lasche)

So wird's gemacht
Für die Außenseite je eine Vorder- und Rückseite mit Vlies hinterbügeln, rechts auf rechts legen und bis auf eine kurze Kante (= Oberkante) zusammennähen. Für die Bodenecken die Seitennähte jeweils auf der Bodennaht ausrichten und eine 6,5 cm lange Naht quer zur Seitennaht absteppen. Das überstehende Dreieck bis auf Nahtzugabenbreite abschneiden. Das Futter genauso nähen, jedoch in eine Wendeöffnung frei lassen. Die Außentasche auf rechts wenden.
Die Lasche mit Vlies hinterbügeln, der Länge nach rechts auf rechts falten (auf 7,25 x 22 cm) und bis auf eine kurze Kante zusammennähen.

Auf rechts wenden und bügeln. Die offene Kante mittig rechts auf rechts an der Oberkante der Rückseite der Außentasche fixieren (die offene Kante liegt an der Oberkante, die Lasche liegt auf der Tasche).
Das Futter rechts auf rechts über die Außenseite ziehen, dabei die Oberkante und die Seitennähte bündig übereinander ausrichten, und die Oberkanten zusammennähen. Die Tasche auf rechts wenden, bügeln, die Oberkante füßchenbreit absteppen und die Wendeöffnung von Hand schließen.
Auf der nach außen zeigenden Seite der Lasche an der kurzen Kante das Flauschband knappkantig aufsteppen, das Hakenband auf derselben Seite der Lasche, jedoch am Anfang der Lasche aufsteppen.
Um den Flaschenhalter zu befestigen, die Lasche um die Schiebestange des Kinderwagens legen und mit dem Klettband verschließen.

Kleine Lady

Daisyhut

Größe: ca. 51 cm Kopfumfang · Vorlagen 2a–b

Material
- A: 70 x 110 cm Baumwollstoff in Blau mit weißen Blümchen
- B: 35 x 90 cm mittelfeste Bügeleinlage

Vorbereiten
Gemäß Vorlagen 2a–b ein Schnittmuster anfertigen.

Zuschneiden
Maße inkl. 1,5 cm Nahtzugabe. In den Vorlagen sind keine Nahtzugaben enthalten, beim Zuschnitt 1,5 cm Nahtzugabe zugeben.

A: 4-mal Vorlage 2a (Krone)
  2-mal Vorlage 2b im Stoffbruch (Krempe)
  1-mal 6 x 57 cm im schrägen Fadenlauf (Futterband)

B: 2-mal Vorlage 2b im Stoffbruch (Krempe)

So wird's gemacht
Je 2 Kronenzuschnitte rechts auf rechts legen und jeweils an einer Seitenkante zusammennähen, die Nahtzugaben zusammengefasst versäubern, in eine Richtung bügeln und von der rechten Seite knappkantig neben der Naht feststeppen. Anschließend die beiden Kronenhälften rechts auf rechts legen und die Mittelnaht schließen, dabei mit den Nahtzugaben genauso verfahren wie zuvor.

Beide Krempenzuschnitte mit Einlage hinterbügeln, jeweils am Stoffbruch rechts auf rechts zur Hälfte falten und die kurzen, geraden Kanten aneinandernähen, die Nahtzugaben auseinanderbügeln. Die Krempenzuschnitte rechts auf rechts legen und an der Außenkante zusammennähen. Die Nahtzugaben zurückschneiden und zu einer Seite bügeln. Die Krempe auf rechts wenden und bügeln. Die Außenkante füßchenbreit sowie mit weiteren füßchenbreiten, parallelen Nähten absteppen, bis die gesamte Krempe abgesteppt ist. Die Krempe rechts auf rechts rings um die Krone nähen, dabei die Nähte übereinander ausrichten.

Das Futterband, wie für den Babyhut (siehe Seite 4) beschrieben, arbeiten und aufsteppen.

Sonnige Aussichten

Sonnensegel

Größe: 63 x 50/21 cm

Material

- A: 60 110 cm Baumwollstoff in Blau mit weißen Blümchen
- B: 250 cm farblich passende Gummikordel

Vorbereiten

Gemäß Schemazeichnung ein Schnittmuster anfertigen.

Zuschneiden

Die Schemazeichnung enthält keine Nahtzugabe. Beim Zuschnitt 2 cm Nahtzugabe an den Kanten b, 3 cm Nahtzugabe an den Kanten a und c zugeben.

A: 1-mal laut Schemazeichnung
B: 1 Stück von 130 cm (Tunnel an Kante a)
   1 Stück von 85 cm (Tunnel an Kante c)

So wird's gemacht

Die Längskanten (b) 1 cm ein- und 1 cm zur linken Seite umschlagen, bügeln und knappkantig absteppen. Die beiden Ecken an der Oberkante (a) ca. 3 cm breit zur linken Seite falten (siehe gestrichelte Linie in der Schemazeichnung) und bügeln. Die Ober- und Unterkante (a und c) je 1 cm ein- und 2 cm zur linken Seite umschlagen, bügeln und entlang der inneren Bruchkante knappkantig absteppen, sodass ein Tunnel entsteht. Die Gummikordeln mithilfe einer Sicherheitsnadel durch die Tunnel ziehen, die Länge ggf. an die Maße des eigenen Kinderwagens anpassen und die Enden verknoten. Die Knoten in die Tunnel verschieben.

Schemazeichnung

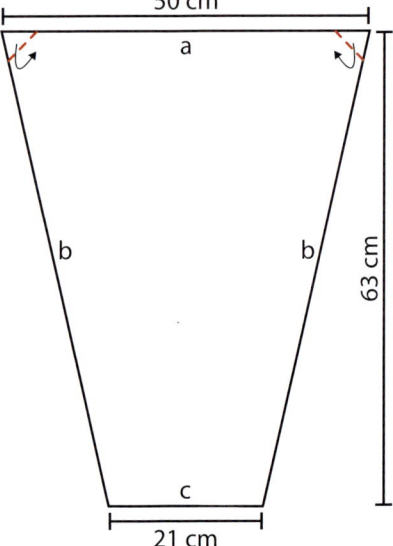

Himmelsstürmer

Pilotenmütze

Größe: ca. 53 cm Kopfumfang • Vorlagen 3a–d

Material
- A: 60 x 140 cm Baumwollstoff in Blau meliert
- B: 30 x 30 cm mittelfeste, aufbügelbare Einlage

Vorbereiten
Gemäß Vorlagen 3a–d ein Schnittmuster anfertigen.

Zuschneiden
Maße inkl. 1,5 cm Nahtzugabe (Futterband) bzw. 0,75 cm Nahtzugabe (Kinnbänder). In den Vorlagen sind keine Nahtzugaben enthalten, beim Zuschnitt 1,5 cm Nahtzugabe zugeben.

A: 2-mal Vorlage 3a (Mittelteil)
    2-mal Vorlage 3b (Vorderes Seitenteil)
    2-mal Vorlage 3c (hinteres Seitenteil)
    2-mal Vorlage 3d im Stoffbruch (Schild)
    1-mal 3 x 40 cm (Kinnbänder)
    1-mal 5,5 x 70 cm im schrägen Fadenlauf (Futterband)

B: 2-mal Vorlage 3d im Stoffbruch (Schild)

So wird's gemacht
Vorderes und rückwärtiges Seitenteil rechts auf rechts legen und an der langen Kante zusammennähen, die Nahtzugaben zusammengefasst versäubern, zum vorderen Seitenteil bügeln und von rechts knappkantig sowie füßchenbreit absteppen. Mit den anderen beiden Seitenteilen ebenso verfahren. Die Seitenteile rechts auf rechts an das Mittelteil nähen, hierbei darauf achten, dass alle Teile in dieselbe Richtung zeigen. Die Nahtzugaben zusammengefasst versäubern, zum Mittelteil bügeln und knappkantig sowie füßchenbreit absteppen.

Beide Schildzuschnitte mit Einlage hinterbügeln, rechts auf rechts aufeinanderlegen und die Außenkante zusammennähen, die Nahtzugaben zurückschneiden, auf rechts wenden und bügeln. Die Außenkante knappkantig sowie füßchenbreit absteppen, die noch offenen Innenkanten im Bereich der Nahtzugabe zusammengefasst versäubern. Das Schild rechts auf rechts an die Mütze nähen, dabei die vorderen Mitten des Mittelteils und des Schilds aneinander ausrichten.

Das Kinnband, wie für den Babyhut (siehe Seite 4) beschrieben, arbeiten und in zwei gleich lange Bänder schneiden. Die Kinnbänder laut Vorlage 3b/3c in Höhe der Zwischennaht der beiden Seitenteile rechts auf rechts an der Außenkante fixieren (die offenen Enden liegen an der Außenkante der Mütze, die Bänder liegen auf der Mütze). Das Futterband, wie für den Babyhut beschrieben, arbeiten und rings um die Außenkante aufsteppen, dadurch werden auch die Kinnbänder zwischengefasst. Die Enden der Kinnbänder verknoten.

Eingepackt

Halstuch

Größe: ca. 18 x 70 cm

Material
• A: 30 x 110 cm Baumwollstoff in Blau meliert

Vorbereiten
Gemäß Schemazeichnung ein Schnittmuster anfertigen.

Zuschneiden
Die Schemazeichnung enthält keine Naht-zugabe. Beim Zuschnitt 1 cm Nahtzugabe zugeben.
A: 1-mal laut Schemazeichnung

So wird's gemacht
Die 2 cm breiten Kanten 1 cm nach links falten und bügeln. Anschließend alle Kanten ringsum 2-mal 0,5 cm nach links falten, bügeln und knappkantig absteppen.

Schemazeichnung

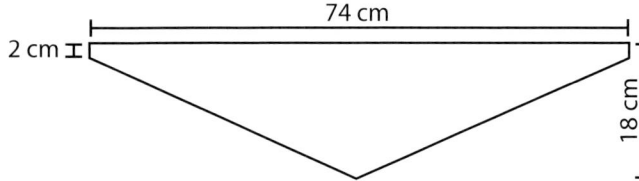

74 cm

2 cm

18 cm

Spurensucher

Schildmütze

Größe: bis ca. 53 cm Kopfumfang • Vorlagen 4a–c

Material
- A: 60 x 110 cm Baumwollstoff in Grün uni
- B: 30 x 30 cm mittelfeste, aufbügelbare Einlage

Vorbereiten
Gemäß Vorlagen 4a–c ein Schnittmuster anfertigen.

Zuschneiden
Maße inkl. 1,5 cm Nahtzugabe. In den Vorlagen sind keine Nahtzugaben enthalten, beim Zuschnitt 1,5 cm Nahtzugabe zugeben.
A: 1-mal Vorlage 4a (Krone)
   2-mal Vorlage 4b im Stoffbruch (Schild)
   4-mal Vorlage 4c (Bindebänder)
   1-mal 9 x 56 cm (Seitenband)
   1-mal 7 x 60 cm im schrägen Fadenlauf (Futterband)
B: 2-mal Vorlage 4b im Stoffbruch (Schild)

So wird's gemacht
Die schmalen Kanten des Seitenbandes versäubern, das Seitenband der Breite nach rechts auf rechts falten und die beiden schmalen Kanten zusammennähen, sodass ein Ring entsteht. Die Nahtzugaben auseinanderbügeln. Das Seitenband 2-mal falten, um 4 gleich lange Abschnitte zu erhalten, mit Stecknadeln markieren und rechts auf rechts rings um die Krone nähen, dazu die Markierungen aneinander ausrichten, heften und zusammennähen. Die Nahtzugaben zusammengefasst versäubern, zur Krone bügeln und von rechts knappkantig neben der Naht auf der Krone feststeppen.

Beide Schildzuschnitte mit Einlage hinterbügeln, rechts auf rechts aufeinanderlegen und die Außenkante zusammennähen. Die Nahtzugaben zurückschneiden, den Schild auf rechts wenden und bügeln. Die Außenkante knappkantig absteppen, die offenen Innenkanten im Bereich der Nahtzugabe mit Zickzackstich zusammenfassen. Das Schild rechts auf rechts an die untere Kante des Seitenbands nähen, dabei die vorderen Mitten aneinander ausrichten. Das Futterband der Länge nach falten und bügeln (dabei nicht verziehen!). Wie für den Babyhut (siehe Seite 4) beschrieben, arbeiten und rings um die Nahtzugaben des Seitenbands aufsteppen.

Je 2 Bindebandzuschnitte rechts auf rechts aufeinanderlegen und bis auf die kurze gerade
Kante zusammennähen. Die Nahtzugaben zurückschneiden, die Bänder auf rechts wenden,
die Nahtzugaben am offenen Ende nach innen
falten und bügeln. Die Enden 4 cm neben der
rückwärtigen Mittelnaht auf dem Seitenband
platzieren und knappkantig aufsteppen. Die beiden Bindebänder zusammenknoten.

Badespaß

Waschlappeneule

Größe: 21 x 22 cm • Vorlage 5

Material
- A: 35 x 70 cm Frottier in Hellgrün
- B: 15 x 15 cm Baumwollstoff in Braun gemustert
- C: 5 x 5 cm Baumwollstoff in Schwarz
- 15 x 15 cm beidseitige aufbügelbares Appliziervlies

Vorbereiten
Gemäß Vorlage 5 ein Schnittmuster für den Körper, die Augen, die Pupillen und den Schnabel anfertigen.

Zuschneiden
Das Schnittmuster enthält keine Nahtzugabe. Beim Zuschnitt des Körpers 2 cm Nahtzugabe an der geraden Unterkante und 1 cm an den anderen Kanten hinzugeben, Augen, Schnabel und Pupillen ohne Nahtzugabe zuschneiden.
A: 2-mal Vorlage 5 (Körper)
B: 15 x 15 cm (Augen, Schnabel)
C: 5 x 5 cm (Pupillen)

So wird's gemacht
Stoffe B und C mit dem Appliziervlies hinterbügeln. Die Applikationsmotive (Augen, Pupillen, Schnabel) auf den entsprechenden Stoff auf das Trägerpapier übertragen, die Motive exakt ausschneiden, das Trägerpapier abziehen, die Motive auf einem Körperteil platzieren und aufbügeln. Die Motive entlang der Kanten mit engem Zickzackstich (Stichlänge 0,5, Stichbreite 2 mm) aufsteppen, dabei die Kanten überdecken.

Die Außenteile rechts auf rechts legen und bis auf die Unterkante zusammennähen. Die Nahtzugabe zurückschneiden und sorgfältig mit Zickzackstich versäubern. Anschließend die Unterkante versäubern, 2 cm zur linken Seite falten, bügeln und knappkantig absteppen.

Die Waschlappeneule auf rechts wenden, die Spitzen schön herausarbeiten und bügeln.

Indianersommer

Bunter Mädchenhut

Größe: 52 cm Kopfumfang • Vorlagen 8a–c

Material
- A: 20 x 40 cm Baumwollstoff in Gelb
- B: 40 x 60 cm Baumwollstoff mit Vogel-Motiv
- C: 20 x 20 cm Baumwollstoff in Orange-Rot
- D: 50 x 60 cm Baumwollstoff in Grün mit kleinen weißen Punkten
- E: 30 x 40 cm leichte, aufbügelbare Schabrackeneinlage
- 60 cm Zierband, ca. 1,25 cm breit

Vorbereiten
Gemäß Vorlagen 8a–c ein Schnittmuster anfertigen.

Zuschneiden
In den Vorlagen sind keine Nahtzugaben enthalten, beim Zuschnitt 1 cm Nahtzugabe zugeben.

A: 1-mal Vorlage 8a im Stoffbruch (Krone außen)

B: 1-mal Vorlage 8a im Stoffbruch (Krone innen)
     1-mal Vorlage 8b im Stoffbruch (Hutrand innen)

B/C: 1-mal Vorlage 8b im Stoffbruch (Hutrand außen) laut Einteilung auf Vorlage 8b

D: 2-mal Vorlage 8c im Stoffbruch (Krempe außen/innen)

E: 1-mal Vorlage 8c im Stoffbruch (Krempe außen) ohne Nahtzugabe!

So wird's gemacht
Den Mädchenhut, wie für den Jungenhut auf Seite 40 beschrieben, nähen.
Jedoch den äußeren Hutrand laut Vorlage 8b aus den Stoffen B und C zusammensetzen, die Nahtzugaben zur Seite klappen und von rechts absteppen. Auf den Hutrand das Zierband mit 2 cm Abstand zur Unterkante aufsteppen.

Luftig und leicht

Luftballonhülle

Größe: ø ca. 18 cm • Vorlagen 9a–b

Material

- A: 50 x 55 cm Baumwollstoff mit Insekten-
  Motiven
- B: je 15 x 55 cm Baumwollstoff in Gelb,
  Orange, Rot und Hellgrün
- C: 15 x 30 cm Baumwollstoff in Blau

Vorbereiten

Gemäß Vorlage 9a (Fünfeck) 12 Schablonen,
gemäß Vorlage 9b (Sechseck) 20 Schablonen
aus festerem Papier anfertigen.

Zuschneiden

In den Vorlagen sind keine Nahtzugaben
enthalten, beim Zuschnitt 1 cm Nahtzugabe
zugeben.
A: 11-mal laut Vorlage 9a (Hülle)
B: insgesamt 20-mal laut Vorlage 9b (Hülle)
C: 2-mal laut Vorlage 9a (Öffnung, Verarbeitung siehe Anleitung)

Schemazeichnung

So wird's gemacht

Die Papierschablonen mit der so genannten
englischen Papiernähmethode (English Paper Pie-
cing) beziehen. Dafür die Papierschablone mittig
auf die linke Seite des Stoffes legen, die Nahtzugaben nacheinander um die Schablone klappen
und mit Reihstichen durch das Papier festnähen.
Auf diese Weise insgesamt 11 Fünfecke und 20
Sechsecke anfertigen.
Für die Ballonöffnung die beiden Zuschnitte aus
Stoff C an einer gegenüberliegenden Kante/Ecke
um ein Drittel nach innen klappen, die Bruchkante mit der Nähmaschine von rechts feststeppen. Beide Stoffe überlappend aufeinanderlegen
(wie bei einem Hotelverschluss) und die Papierschablone damit beziehen.

Die bezogenen Schablonen von Hand aneinandernähen. Dafür je 2 Schablonen bündig rechts auf rechts zusammenlegen und eine Kante mit feinen Überwendlichstichen zusammennähen, aufklappen, die nächste Schablone an der gewünschten Kante rechts auf rechts anlegen und genauso zusammennähen. Laut Schemazeichnung zunächst die Pole und das Mittelband aneinandernähen, anschließend die Teile zum Ball aneinanderfügen. Schablonen, die an allen Kanten „eingenäht sind, nach und nach entfernen.

Die Hülle durch die Öffnung (Fünfeck aus Stoff C) vorsichtig auf rechts wenden. Durch die Öffnung einen Luftballon stecken, aufblasen und zuknoten.

Hut ab!

Jerseyhut

Größe: 52 cm Kopfumfang • Vorlagen 8a–c

Material
- A: 30 x 140 cm Jersey in Dunkelblau
- B: 10 x 10 cm Baumwollstoff in Blau mit kleinen weißen Punkten
- C: 30 x 40 cm leichte, aufbügelbare Schabrackeneinlage
- 90 cm rotes Samtband

Vorbereiten
Gemäß Vorlagen 8a–c ein Schnittmuster anfertigen.

Zuschneiden
Maß inkl. 1 cm Nahtzugabe. In den Vorlagen sind keine Nahtzugaben enthalten, beim Zuschnitt 1 cm Nahtzugabe zugeben.

A: 2-mal Vorlage 8a im Stoffbruch (Krone)
   2-mal Vorlage 8b im Stoffbruch (Hutrand)
   2-mal Vorlage 8c im Stoffbruch (Krempe)
B: 10 x 10 cm (Schleife)
C: 1-mal Vorlage 8c im Stoffbruch (Krempe) ohne Nahtzugabe!

Tipp
Das Samtband und die Schleife kann auch innen aufgesteppt werden. Anschließend die Krempe hochschlagen.

So wird's gemacht
Den Jerseyhut, wie für den Jungenhut auf Seite 40 beschrieben, nähen. Jedoch zusätzlich auf die Krempe das Samtband mit 1 cm Abstand zur Außenkante aufsteppen.

Für die Schleife den Stoff rechts auf rechts zur Hälfte falten (auf 5 x 10 cm), die beiden kurzen Seiten und die lange Seite bis auf eine Wendeöffnung zusammennähen, auf rechts wenden, bügeln und die Wendeöffnung schließen. Einen Rest des Samtbandes um die Mitte binden und feststeppen. Die Schleife von Hand an der Krempe nähen.

Mädchen-Style

Kopftuch

Größe: 92/98 · Vorlage 10

Material
- A: 35 x 45 cm Baumwollstoff in Lila geblümt
- B: 15 x 55 cm Jersey in Lila
- 70 cm Häkelspitze

Vorbereiten
Gemäß Vorlage 10 ein Schnittmuster anfertigen.

Zuschneiden
Maß inkl. 1 cm Nahtzugabe. In der Vorlage ist keine Nahtzugabe enthalten, beim Zuschnitt 1 cm Nahtzugabe zugeben.
A: 1-mal Vorlage 10 im Stoffbruch (Kopftuch)
B: 12 x 52 cm (Stirnband)

So wird's gemacht
Die Seitenkanten des Koptuchs je 2-mal 0,5 cm nach links umschlagen und von rechts feststeppen. Die Spitze von links an den Säumen aufsteppen, so dass sie rechts hervorschaut. An der Oberkante 4 Falten (siehe Markierungen in Vorlage 10) legen und knappkantig festnähen.

Am Streifen für das Stirnband die Mitte an einer langen Seite, beim Kopftuch an der Oberkante markieren. Stirnband und Kopftuch rechts auf rechts stecken, dabei die Markierungen aneinander ausrichten. Das Kopftuch einrollen und die andere Längskante des Stirnbandes rechts auf rechts klappen und an derselben Kante feststecken (das Kopftuch liegt nun innen) und die Kanten bis auf die ersten 4 cm am Anfang und die letzten 4 cm am Ende zusammennähen, dabei wird das Kopftuch zwischengefasst

Das Kopftuch auf rechts wenden. Die kurzen Seiten des Streifens rechts auf rechts zum Ring zusammennähen. Die Nahtzugaben der noch offenen Naht an der langen Seite nach innen klappen und die Öffnung von Hand schließen.

Für Blumenkinder

Blütenhut

Größe: 52 cm Kopfumfang · Vorlagen 6a–b

Material
- A: 20 x 140 cm Baumwollstoff in Gelb uni
- B: je 15 x 55 cm von 4 verschiedenen Baumwollstoffe in Bunt gemustert
- C: 40 x 90 cm leichte Bügeleinlage

Vorbereiten
Gemäß Vorlagen 6a–b ein Schnittmuster anfertigen.

Zuschneiden
In den Vorlagen sind keine Nahtzugaben enthalten, beim Zuschnitt 1 cm Nahtzugabe zugeben.
A: 8-mal Vorlage 6a (Krone)
B: je 4-mal Vorlage 6b (Blütenblatt) pro Stoff (insgesamt 16-mal)
C: 4-mal Vorlage 6a (Krone)
   8-mal Vorlage 6b (Blütenblatt)

So wird's gemacht
Alle Vlieszuschnitte auf die linken Seiten der entsprechenden Stoffteile bügeln. Je ein Blütenblatt ohne Vlies und eines mit aufgebügeltem Vlies rechts auf rechts legen und die Rundungen zusammennähen, die Nahtzugaben etwas zurückschneiden, auf rechts wenden und bügeln. Die offenen Kanten jeweils auf 8 cm Weite einkräuseln.

Die Kronenzuschnitte mit Vlies (= Außenseite) paarweise zusammennähen, die Nahtzugaben auseinanderstreichen und beidseitig von rechts neben der Naht absteppen. Anschließend die Hälften rechts auf rechts stecken und die lange Naht zusammennähen und wie zuvor absteppen. Den Innenhut genauso arbeiten, jedoch in einer Naht eine Wendeöffnung von 10 cm frei lassen. Die Blütenblätter leicht überlappend an die untere Kante des Außenhutes stecken (die offenen Kanten liegen aufeinander, die Blütenblätter liegen auf dem Stoff) und knappkantig festnähen. Die Kräuselfäden entfernen.

Außen- und Innenhut rechts auf rechts ineinanderstecken (die Blütenblätter liegen innen), dabei die Nähte bündig aneinander ausrichten. Die Kanten zusammennähen, auf rechts wenden, vorsichtig bügeln und den unteren Rand 2-mal knappkantig absteppen. Die Wendeöffnung von Hand schließen.

Mit viel Schwung

Stufenröckchen

Größe: 116, Rocklänge: 38 cm

Material

- A: je 15 x 140 cm von 4 verschiedenen Baumwollstoffen in Bunt gemustert
- 220 cm Vichy-Karo-Rüsche in Gelb
- 50 cm Gummiband, 2,5 cm breit

Zuschneiden

Maße inkl. 0,75 cm Nahtzugabe.
A: je 4-mal 15 x 12 cm (insgesamt 16-mal)
   je 5-mal bzw. 4-mal 15 x 17 cm (insgesamt 19-mal)

So wird's gemacht

Die Rechtecke in beliebiger Reihenfolge an der 15 cm langen Kante rechts auf rechts zu insgesamt 3 Rockbahnen zusammennähen. Nahtanfang und -ende stets verriegeln, die Nahtzugaben zusammen versäubern, zu einer Seite bügeln und von rechts knappkantig feststeppen. Die oberste Rockbahn auf ca. 105 cm, die mittlere Rockbahn auf ca. 153 cm und die unterste Rockbahn auf ca. 209 cm Länge zuschneiden. Jede Rockbahn zum Ring schließen, dafür die Kanten am Anfang und Ende rechts auf rechts zusammennähen und die Nahtzugaben wie zuvor versäubern und absteppen.

Die Oberkante der mittleren Rockbahn auf die Weite der obersten Rockbahn einkräuseln. Dazu 2 parallele Nähte mit der größtmöglichen Stichlänge nähen. Der Abstand zwischen den Nähten sollte ca. 1 cm betragen. Die Fäden an einer Seite miteinander verknoten. Nun an der anderen Seite an beiden Oberfäden (oder an beiden Unterfäden) ziehen und den Stoff auf die gewünschte Weite einkräuseln.

Die beiden Stoffbahnen rechts auf rechts zusammenstecken und zwischen den Kräuselnähten zusammennähen. Die Kräuselfäden entfernen, die Nähte zusammen versäubern, nach oben klappen und von rechts abstepppen. Die Oberkante der untersten Rockbahn ebenso auf die Weite der mittleren Rockbahn einkräuseln und an die mittlere Rockbahn nähen.

Für den Saum die Unterkante des Rockes mit Zickzackstich versäubern und die Rüsche rechts auf rechts ringsum annähen. Die Rüsche nach unten klappen und die Nahtzugabe von rechts feststeppen.

Für den Bund die Oberkante des Rocks versäubern, 5 cm nach links klappen und bis auf eine kleine Öffnung ringsum feststeppen. Das Gummi ausmessen, durch die Öffnung in den Tunnel ziehen, zum Ring schließen und die Öffnung schließen. Das Gummi im Tunnel nach unten verschieben und die Oberkante noch einmal ca. 1,5 cm breit absteppen, dabei das Gummi nicht versehentlich zwischenfassen.

Outdoor

Leinenhut

Größe: 52 cm Kopfumfang • Vorlagen 8a–d

Material

- A: 50 x 140 cm Leinen in Natur
- B: 30 x 40 cm leichte, aufbügelbare Schabrackeneinlage
- 100 cm fertiges Schrägband in Braun
- 1 Aufnäher
- 12 cm Reißverschluss in Braun

Vorbereiten

Gemäß Vorlagen 8a–d ein Schnittmuster anfertigen.

Zuschneiden

In den Vorlagen sind keine Nahtzugaben enthalten, beim Zuschnitt 1 cm Nahtzugabe zugeben.

A: 2-mal Vorlage 8a im Stoffbruch (Krone außen/innen)

2-mal Vorlage 8b im Stoffbruch (Hutrand außen/innen)

2-mal Vorlage 8c im Stoffbruch (Krempe außen/innen)

1-mal Vorlage 8d (oberes und unteres Taschenteil)

B: 1-mal Vorlage 8c im Stoffbruch (Krempe außen)

So wird's gemacht

Die Schabrackeneinlage mittig auf die linke Seite eines Krempenzuschnitts (= Außenseite) bügeln,

bei beiden Krempenzuschnitte die kurzen Seiten rechts auf rechts zusammennähen und dadurch zum Ring schließen, Nahtanfang und -ende verriegeln. Die Nähte auseinanderstreichen, die Krempenzuschnitte links auf links aufeinanderlegen und die Innenkante knappkantig zusammenfassen. Die Außenkante mit Schrägband einfassen.

Den Reißverschluß zwischen das obere und untere Taschenteil nähen. Die Nahtzugaben vom Reißverschluß wegklappen und von rechts feststeppen. Die Außenkanten der Tasche ringsum 1 cm nach links klappen und bügeln. Die Tasche laut Markierung (siehe Vorlage 8b) auf den Hutrand knappkantig aufsteppen. An der anderen Seite den Aufnäher aufsteppen. 2 ca. 5 cm lange Stücke Schrägband jeweils längs zusammenfalten und die Bruchkanten absteppen. Beide Stücke zur Hälfte klappen und die offenen Kanten laut Markierung (siehe Vorlage) nebeneinander an den Außenhutrand stecken.

Den Hut fertignähen, wie für den Jungenhut auf Seite 40 beschrieben.

Voller Ideen

Bandana

Größe: ca. 47–53 cm Kopfumfang

Material

- A: 40 x 40 cm Baumwollstoff in Orange mit großen weißen Punkten
- B: 10 x 30 cm Baumwollstoff in Grün mit kleinen weißen Punkten
- C: 80 cm Zackenlitze in Grün
- 17 cm Gummiband, 2 cm breit
- Sicherheitsnadel

Zuschneiden

Maße inkl. 0,75 cm Nahtzugabe.

A: 39 x 37 cm (Bandana)

B: 7 x 28 cm (Gummibandtunnel)

C: 2 Stücke von 40 cm

So wird's gemacht

Für die beiden Säume die 39 cm langen Seiten von Stoff A 2-mal 0,5 cm nach links falten und bügeln. Die Zackenlitze der Länge nach mittig auf die linke Stoffseite hinter die gesäumten Kanten legen, sodass von rechts nur die Hälfte herausschaut. Die Zackenlitze feststeppen.

Für den Gummibandtunnel den Steifen der Länge nach rechts auf rechts zur Hälfte falten, die Längskanten zusammennähen, den Tunnel auf rechts wenden und bügeln. Das Gummiband mithilfe einer Sicherheitsnadel durchziehen und am Anfang und Ende des Tunnels festnähen, dadurch wird der Tunnel etwas gerafft.

Das Bandana der Länge nach links auf links zusammenfalten (so liegen die mit Zackenlitze eingefassten Säume aufeinander). Über die Bruchkante streichen, um sie zu markieren. Das Bandana wieder aufklappen, zunächst die gesäumten Kanten und dann die Bruchkanten jeweils bis zum Mittelfalz falten (der Stoff liegt nun auf beiden Seiten der Mitte 4-fach). Den Gummibandtunnel mit den Schmalseiten jeweils rechts und links mit den Seitenkanten des Bandana bündig auf die Mittelfalte legen. Den überstehenden Stoff zuerst von oben und dann von unten über den Gummibandtunnel klappen (die Teile liegen dann flach aufeinander).

Alles feststecken und an den Kanten füßchenbreit mehrfach übernähen (damit alles sicher hält). Die Nahtzugaben zurückschneiden und das Bandana wenden.

Auf ins Abenteuer

Piratentuch

Größe: 52–54 cm Kopfumfang • Vorlagen 12a–b

Material
- A: 25 x 140 cm Baumwollstoff in Blau kariert
- B: 25 x 50 cm Baumwollstoff in Hellblau uni
- 15 cm Gummiband, 2 cm breit
- 1 Stückchen Webband mit Piratenkopf-Motiv

Vorbereiten
Gemäß Vorlagen 12a–b ein Schnittmuster anfertigen.

Zuschneiden
Maße inkl. 1 cm Nahtzugabe. In den Vorlagen sind keine Nahtzugaben enthalten, beim Zuschnitt 1 cm Nahtzugabe zugeben.
A: 1-mal Vorlage 12a im Stoffbruch (Mittelteil)
   2-mal Vorlage 12b (Seitenteil)
B: 2-mal 7 x 40 cm (Bindebänder)
   7 x 47 cm (Bund)

So wird's gemacht
Die Seitenteile jeweils rechts auf rechts an die gerundete Kante des Mittelteils stecken und festnähen. Die Nahtzugaben zusammen versäubern, zum Mittelteil klappen und von rechts knappkantig neben der Naht absteppen. Die Seitenkante des Mittelteils säumen, dafür 2-mal 0,5 cm nach links klappen, bügeln und feststeppen.
Für den Bund den Streifen an den kurzen Seiten 0,5 cm nach links klappen und feststeppen. Anschließend den Streifen der Länge nach links auf links falten, mit den offenen Kanten rechts auf rechts an die Vorderkante nähen, dabei mittig aneinander ausrichten. Die Nahtzugaben zusammen versäubern, in das Mittel-/Seitenteil klappen und von rechts feststeppen.
Für die Bindebänder die Streifen der Länge nach rechts auf rechts falten und eine kurze Seite im 45-Grad-Winkel abschneiden. Jeweils die abgeschrägte und die lange Kante zusammennähen, die Bänder auf rechts wenden und bügeln. Die Enden des Gummibandes jeweils in das offene Ende eines Bindebandes stecken und festnähen (das Gummiband ist nun zwischen die beiden Bindebänder genäht). An dieser Stelle zusammenfalten und jeweils in das offene (bereits versäuberte) Ende des Bundes stecken. So werden Gummiband und Bindeband gleichzeitig am Bund festgenäht. Zum Schluss das Stück Webband vorne auf dem Bund aufsteppen, dafür die offenen Schnittkanten des Webbandes ein Stück nach innen klappen.

Viel Bewegungsfreiheit

Capri Shorts

Größe 116 · Vorlagen 13a–c

Material

- A: 65 x 140 cm Baumwollstoff in Blau kariert
- B: 20 x 140 cm Baumwollstoff in Hellblau uni
- C: 5 x 10 cm leichte Bügeleinlage
- 57 cm Gummiband, 2 cm breit
- 90 cm Baumwollkordel in Dunkelblau
- 1 Stückchen Webband mit Piratenkopf-Motiv

Vorbereiten

Gemäß Vorlagen 13a–c ein Schnittmuster anfertigen.

Zuschneiden

In den Vorlagen sind keine Nahtzugaben enthalten, beim Zuschnitt 1 cm Nahtzugabe zugeben.

A: 2-mal Vorlage 13a (Vorderes Hosenbein)
   2-mal Vorlage 13b (Rückwärtiges Hosenbein)

B: 2-mal Vorlage 13c (Tasche)
   je 2-mal Hosenbeinsäume aus den Vorlagen 13 b und 13c

C: 2-mal 5 x 5 cm (Knopfloch)

So wird's gemacht

Zuerst die Seitennähte schließen, dazu ein vorderes und rückwärtiges Hosenteil rechts auf rechts stecken und die Seitenkanten zusammennähen. Die Nahtzugaben zusammen versäubern, zum rückwärtigen Hosenbein klappen und von rechts feststeppen. Die Taschen ringsum versäubern, die Oberkante 1 cm und dann noch einmal 1,5 cm nach rechts klappen und den Saum 2-mal von rechts mit nah beieinanderliegenden, parallelen Nähten absteppen. Die restlichen Kanten 1 cm nach links falten, bügeln. Die Taschen laut Markierung in Vorlage 13a ausrichten auf jeweils auf dem vorderen und rückwärtigen Hosenbein aufsteppen (die Tasche liegt über der Seitennaht), dabei ein kleines Stück, gefaltetes Webband mit unter eine Seitennaht der Tasche legen.

Die inneren Hosenbeine rechts auf rechts zusammennähen und die Nahtzugaben mit Zickzackstich versäubern. Ein Hosenbein auf rechts wenden und rechts auf rechts in das andere Hosenbein stecken. Die vordere und rückwärtige Schrittnaht zusammennähen, die Nahtzugaben zusammen versäubern, nach rechts klappen und von rechts feststeppen.

Die beiden Knopflöcher in den oberen Saumtunnel arbeiten, dafür die Einlage auf die linke Seite bügeln. Die Oberkante der Hose ringsum versäubern, den Gummibandtunnel nach links klappen und bis auf eine Wendeöffnung feststeppen. Das Gummi ausmessen, durch den Tunnel ziehen, die Enden etwas überlappend übereinanderlegen und mit Zickzackstich zusammennähen. Die Wendeöffnung schließen und die Kordel durch die Knopflöcher ziehen.

Für die Hosenbeinsäume die vorderen und rückwärtigen Saumbelege jeweils rechts auf rechts

aufeinanderlegen und die kurzen Kanten zusammennähen (dadurch zum Ring zusammennähen). Auf rechts wenden, rechts auf links (von unten) in das Hosenbein stecken und die Unterkanten zusammennähen. Den Saumbeleg herausziehen, die Nahtzugaben nach unten bügeln, anschließend den Saumbeleg außen nach oben auf das Hosenbein klappen (die Naht ist nun Unterkante). Die Oberkante des Saumbeleg ringsum so weit nach innen klappen, dass sie innen an die Naht (Unterkante) stößt (der Stoff liegt nun 3-fach). Den Saumbeleg an der oberen Bruchkante 2-mal mit nah beieinanderliegenden, parallelen Nähten ringsum feststeppen.

Spaziergang im Regen

Regenhut

Größe: 54 cm Kopfumfang • Vorlagen 7a–c

Material
- A: 30 x 140 cm Wachstuch in Türkis-Orange-Rot gemustert
- B: 160 cm Vichy-Karo-Schrägband in Rot

Vorbereiten
Gemäß Vorlagen 7a–c ein Schnittmuster anfertigen.

Zuschneiden
In den Vorlagen sind keine Nahtzugaben enthalten, beim Zuschnitt 1 cm Nahtzugabe zugeben.
A: 8-mal Vorlage 7a (Krone)
   2-mal Vorlage 7b im Stoffbruch (Vordere Krempe)
   2-mal Vorlage 7c im Stoffbruch (Rückwärtige Krempe)
B: 2 Stücke von 50 cm (Kinnbänder)
   1 Stück von 60 cm (Futterband)

So wird's gemacht
Die vorderen und rückwärtigen Krempen jeweils rechts auf rechts legen und an der Außenkante zusammennähen. Die Nahtzugaben zurückschneiden, die Krempen auf rechts wenden, glatt streichen und die Außenkanten füßchenbreit absteppen.
Für die Kinnbänder die beiden 50 cm langen Schrägbänder jeweils längs zusammenfalten und die Bruchkanten aufeinandersteppen, dabei je 1 kurzes Ende um 1 cm nach innen falten, um es zu versäubern.

Für den Außenhut 4 Kronen paarweise zusammennähen, die Nahtzugaben auseinanderstreichen und von rechts beidseitig neben der Naht feststeppen. Beide Kronenhälften rechts auf rechts stecken und die Mittelnaht genauso zusammennähen und absteppen. Den Innenhut genauso nähen. Beide Hutteile links auf links zusammenstecken, dabei die Nähte bündig aneinander ausrichten, und den unteren Rand knappkantig zusammenfassen.

Zuerst die vordere Krempe, dann die rückwärtige Krempe rechts auf rechts rings um die Krone feststecken. Beide Krempen überlappen sich an den Seiten um 1 cm. Die Bindebänder auf dem Überlappungsbereich feststecken (die unversäuberten Kanten liegen an der Außenkante, die Bänder liegen auf dem Stoff). Alles ringsum knappkantig zusammennähen. Die Nahtzugaben mit dem restlichen Schrägband einfassen, dieses dann nach oben klappen und von rechts feststeppen.

Cooles Outfit

Jungenhut

Größe: 52 cm Kopfumfang • Vorlagen 8a–c

Material

- A: 20 x 40 cm Baumwollstoff in hellblauem Vichy-Karo
- B: 40 x 60 cm Baumwollstoff mit Wal-Motiv
- C: 50 x 60 cm Baumwollstoff mit Fisch-Motiv
- D: 30 x 40 cm leichte, aufbügelbare Schabrackeneinlage

Vorbereiten

Gemäß Vorlagen 8a–c ein Schnittmuster anfertigen.

Zuschneiden

In den Vorlagen sind keine Nahtzugaben enthalten, beim Zuschnitt 1 cm Nahtzugabe zugeben.

A: 2-mal Vorlage 8a im Stoffbruch (Krone außen/innen)

B: 2-mal Vorlage 8b im Stoffbruch (Hutrand außen/innen)

C: 2-mal Vorlage 8c im Stoffbruch (Krempe außen/innen)

D: 1-mal Vorlage 8c im Stoffbruch (Krempe außen) ohne Nahtzugabe!

So wird's gemacht

Die Schabrackeneinlage mittig auf die linke Seite eines Krempenzuschnitts (= Außenseite) bügeln, bei beiden Krempenzuschnitte die kurzen Seiten rechts auf rechts zusammennähen und dadurch zum Ring schließen, Nahtanfang und -ende verriegeln. Die Nähte auseinanderstreichen, die Krempenzuschnitte rechts auf rechts aufeinanderlegen und an der Außenkante zusammennähen. Die Nahtzugabe zurück- und die Rundungen einschneiden. Auf rechts wenden, bügeln und die offenen Kanten knappkantig zusammenfassen.

Bei beiden Huträndern die kurzen Seiten rechts auf rechts zusammennähen und dadurch zum Ring schließen, jedoch beim Innenhutrand eine kleine Wendeöffnung frei lassen. An Krone und Hutrand 4 gleich große Abschnitte mit Stecknadeln markieren, rechts auf rechts aufeinanderstecken, dabei die Nadeln aneinander ausrichten, die Weite gleichmäßig verteilen und den Außenhut zusammennähen. Die Nahtzugaben nach oben klappen und von rechts feststeppen. Den Innenhut genauso nähen.

Die Hutkrempe rechts auf rechts an die Unterkante des Außenhutes stecken, den Innenhut rechts auf rechts darüberstecken (die Krempe liegt innen) und zusammennähen. Die Nahtzugaben etwas zurück-, die Rundungen einschneiden. Den Hut auf rechts wenden, vorsichtig bügeln, die Nahtzugaben nach oben klappen und von rechts feststeppen. Die Wendeöffnung schließen.

Damenhaft

Schicker Hut

Größe: 52 cm Kopfumfang · Vorlagen 11a–b

Material

- A: 20 x 80 cm Baumwollstoff in Rosa gestreift
- B: 30 x 100 cm Baumwollstoff in Rosa geblümt
- C: 10 x 105 cm Baumwollstoff in Türkis
- D: 30 x 40 cm leichte, aufbügelbare Schabrackeneinlage
- 80 cm breite Zackenlitze in Blau

Vorbereiten

Gemäß Vorlagen 11a–b ein Schnittmuster anfertigen.

Zuschneiden

Maß inkl. 0,75 cm Nahtzugabe. In den Vorlagen sind keine Nahtzugaben enthalten, beim Zuschnitt 1 cm Nahtzugabe zugeben.

A–B: je 4-mal Vorlage 11a (Krone außen/innen)

B: 2-mal Vorlage 11b im Stoffbruch (Krempe außen/innen)

C: 8 x 100 cm (Schleife)

So wird's gemacht

Die Krone, wie für den Blütenhut (jedoch ohne Vlies) auf Seite 26 beschrieben, nähen. Die Hutkrempe, wie für den Jungenhut auf Seite 40 beschrieben, nähen, jedoch am Außenrand zusätzlich die Zackenlitze zwischenfassen.

Die Krempe rechts auf rechts rings um die Unterkante des Außenhutes stecken und knappkantig festnähen. Außenhut und Innenhut rechts auf rechts ineinanderstecken, dabei liegt die Krempe innen. Die Kanten zusammennähen, auf rechts wenden, vorsichtig bügeln und die Naht von rechts absteppen. Die Wendeöffnung von Hand schließen.

Für die Schleife den Streifen der Länge nach rechts auf rechts zusammenfalten, beide Enden im 45-Grad-Winkel abschneiden. Die beiden kurzen und die lange Seite des Streifens bis auf eine Wendeöffnung zusammennähen. Den Streifen auf rechts wenden, bügeln, die Wendeöffnung schließen und die Schleife mit Zickzackstich rings um die Krone knapp oberhalb der Naht nähen, dabei die Enden gleich lang frei lassen und als Schleife binden.

Shopping Tour
Kleine Tasche

Größe: 17 x 30 cm

Material
- A: 20 x 65 cm Baumwollstoff in Rosa gestreift
- B: 35 x 80 cm Baumwollstoff in Rosa geblümt
- C: 5 x 65 cm Baumwollstoff in Türkis
- D: 55 x 35 cm dünnes, aufbügelbares Volumenvlies
- 65 cm Gurtband in Orange, 3 cm breit

Zuschneiden
Maße inkl. 0,75 cm Nahtzugabe.
A: 2-mal 15 x 30 cm (Außenseite Oberteil)
B: 25 x 30 cm (Außenseite Boden)
    52 x 30 cm (Futter)
C: 2-mal 3 x 30 cm (Paspel)
D: 52 x 30 cm (Außenseite)

So wird's gemacht
Die Paspelstreifen der Länge nach links auf links zur Hälfte falten und die offenen Kanten an je eine gleich lange Kante von Stoff B stecken. Die Zuschnitte aus Stoff A an je eine Kante rechts auf rechts stecken und die Teile zusammennähen, dadurch werden die Paspeln zwischengefasst. Die Nahtzugaben zusammengefasst versäubern, zum Boden klappen und von rechts feststeppen. Das Volumenvlies auf die linke Seite der Außenseite bügeln. Die Außenseite links auf links auf 26 x 30 cm falten und die Bodennaht einbügeln. Den Stoff rechts auf rechts falten und die gebügelte Bodennaht bis zur Paspel in der Mitte nach

innen und oben drücken, feststecken und die Seitenkanten zusammennähen. Die Außentasche auf rechts wenden.
Den Zuschnitt für das Futter rechts auf rechts auf 26 x 30 cm falten und die Bodennaht einbügeln. Die Seitenkanten bis auf eine 10 cm lange Wendeöffnung zusammennähen. Für die Bodenecken die Seitennähte jeweils auf die gebügelte Bodennaht drücken und eine 12 cm lange Naht quer zur Seitennaht absteppen. Das überstehende Dreieck bis auf Nahtzugabenbreite abschneiden.
Das Gurtband in 2 gleich lange Stücke schneiden. Die Enden jeweils 7 cm von den Seitennähten entfernt an die Oberkante der Außentasche feststecken (die Enden liegen an der Oberkante, das Gurtband liegt auf der Tasche). Beide Taschen rechts auf rechts ineinanderstecken, dabei die Oberkanten und die Seitennähte bündig übereinander ausrichten, und die Oberkanten zusammennähen. Die Tasche auf rechts wenden, bügeln, die Oberkante absteppen und die Wendeöffnung von Hand schließen.

Grundbegriffe des Nähens & Material

Fadenlauf

Jedes Gewebe besteht aus Kettfäden (längs) und Schussfäden (quer). Der Fadenlauf entspricht der Richtung der Kettfäden und verläuft parallel zur Gewebekante. Der Zuschnitt sollte immer am Fadenlauf ausgerichtet sein, damit sich das genähte Teil nicht verzieht.

Fadenspannung

Die Fadenspannung der Nähmaschine muss je nach Stoffart reguliert werden. Andernfalls können Schlaufen in Unter- oder Oberfaden entstehen.

Geradstich

Der Geradstich ist der grundlegende Nutzstich beim Nähmaschinennähen. Das Nähen mit dem Geradstich heißt auch „Steppen". Die Stichlänge ist variabel einstellbar. Je länger der Stich, desto lockerer fällt die Naht aus.

Heften und Stecken

Stoffteile vor dem Nähen immer erst mit Nadeln fixieren oder von Hand heften. Dies verhindert, dass die Stoffteile beim Nähen verrutschen oder ungewollte Falten werfen. Stecknadeln immer quer zur Nährichtung stecken, dann kann man sie während des Nähens leichter herausziehen.

Material

Einige Grundmaterialien werden als vorhanden vorausgesetzt und sind in den Anleitungen nicht gesondert aufgeführt:
Bügeleisen • Nahttrenner • Schneiderkreide • Maßband • Patchworklineal • Schnittmusterpapier • Nähgarn • Rollschneider • Stecknadeln • Nähmaschine • Schere • Stift, ggf. Trickmarker • Nähnadeln • Schneidematte • Stoffschere

Nahtzugabe

Beim Zusammennähen (= Nählinie) wird ein Abstand zur Schnittkante eingehalten. Dieser Abstand ist die Nahtzugabe. Die Breite der Nahtzugabe wird bei den Anleitungen unter „Zuschneiden" aufgeführt.

Rechte und linke Stoffseite

Jeder Stoff hat eine rechte und eine linke Stoffseite. Die rechte Seite entspricht der Schauseite, also der Außenseite des Stoffes. Wenn es also heißt „die Stoffteile rechts auf rechts legen", zeigen die rechten Schauseiten nach innen und die linken Seiten nach außen. Heißt es hingegen „links auf links", zeigen die rechten Seiten nach außen und die linken Seiten nach innen.

Stoffbruch

Bei einer gefalteten Stofflage entsteht eine Faltkante, die als Stoffbruch oder Bruchkante bezeichnet wird. An einem Schnittteil bezeichnet der Stoffbruch in der Regel die Mitte eines Schnittteils. Diese Kante des Schnittteils wird dann beim Zuschneiden ohne Nahtzugabe genau auf die gefaltete Stoffkante gelegt.

Zickzackstich

Der Zickzackstich wird zum Versäubern der Schnittkanten verwendet. Stichbreite und Stichlänge lassen sich verändern.

Grundtechniken Nähen

Nähte sichern/verriegeln

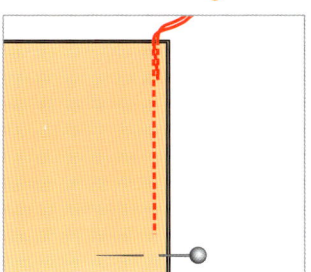

Eine Nähmaschinennaht wird in der Regel am Anfang und Ende „verriegelt", damit sie sich nicht auflöst. Am Nahtbeginn 3–4 Stiche vorwärts, dann rückwärts und anschließend wieder vorwärts nähen. Am Nahtende gegengleich verfahren.

Verstürzte Naht: gerade Kanten

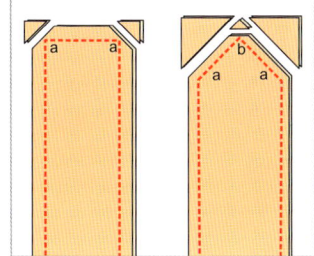

Die Teile rechts auf rechts bis auf eine Wendeöffnung zusammennähen. Die Nahtzugaben an den Ecken schräg bis kurz vor die Naht beschneiden, dann liegen sie nach dem Wenden besser und sehen exakter aus.

Verstürzte Naht: Rundungen

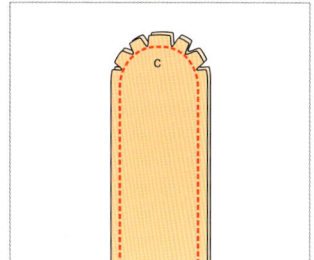

Die Teile rechts auf rechts bis auf eine Wendeöffnung zusammennähen. Aus den Nahtzugaben an den Rundungen gleichmäßig verteilt kleine Dreiecke herausschneiden, damit sich die Mehrweite nach dem Wenden etwas übereinanderschieben kann.

Bodenecke

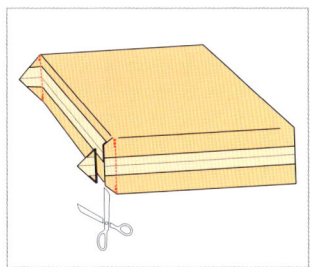

Für einen Taschenboden die Seitennähte jeweils auf die untere Mitte (Bodennaht oder Stoffbruch) legen. Ein Dreieck in der angegeben Breite quer zur Seitennaht abnähen. Die überstehenden Dreiecke bis auf Nahtzugabenbreite vor die Naht zurückschneiden

Bindeband (Streifen 4-fach falten)

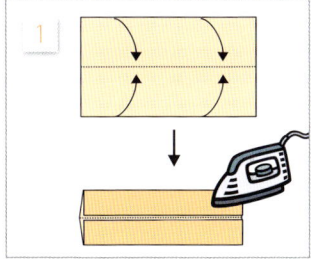

Den Streifen in Längsrichtung links auf links zur Hälfte falten und den Bruch leicht einbügeln. Wieder aufklappen und die Längsseiten zum mittigen Falz hin falten und bügeln, dabei darauf achten, dass der mittige Falz nicht herausgebügelt wird.

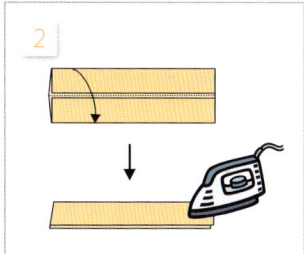

Den Streifen zusammenklappen, sodass nun die äußeren Bruchkanten übereinanderliegen. Das Band entlang der offenen Bruchkanten knappkantig zusammensteppen.

Impressum

Entwürfe und Realisation: Cecilia Hanselmann, Beate Pöhlmann
Redaktion: Franziska Schlesinger
Lektorat: Claudia Schmidt
Fotografie: Annette Hempfling Fotostudio
Vorlagenzeichnungen: Claudia Schmidt
Gesamtgestaltung und Satz: GrafikwerkFreiburg
Reproduktion: Meyle + Müller GmbH & Co. KG, Pforzheim
Druck und Verarbeitung: Ömür Printing, Istanbul

ISBN 978-3-8410-6284-0
Art.-Nr. OZ6284

Wir danken den folgenden Herstellern für die freundliche Unterstützung:

- buttinette Textil-Versandhaus GmbH
  www.buttinette.de
- Freudenberg
  www.vlieseline.de
- Kurt Frowein
  www.kurt-frowein.de
- Heimtextil Major
  www.heimtextil-major.de
- Westfalenstoffe AG
  www.westfalenstoffe.de

Kreativ-Service

Sie haben Fragen zu den Büchern und Materialien? Frau Erika Noll ist für Sie da und berät Sie rund um alle Kreativthemen. Rufen Sie an! Wir interessieren uns auch für Ihre eigenen Ideen und Anregungen. Sie erreichen Frau Noll per E-Mail: mail@kreativ-service.info oder Tel.: +49 (0) 5052/91 18 58 Montag–Donnerstag: 9–17 Uhr / Freitag: 9–13 Uhr

Besuchen Sie uns im Internet: www.christophorus-verlag.de